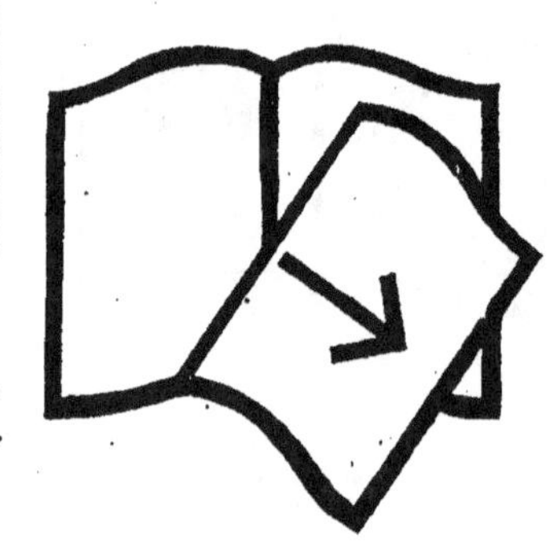

Couverture inférieure manquante

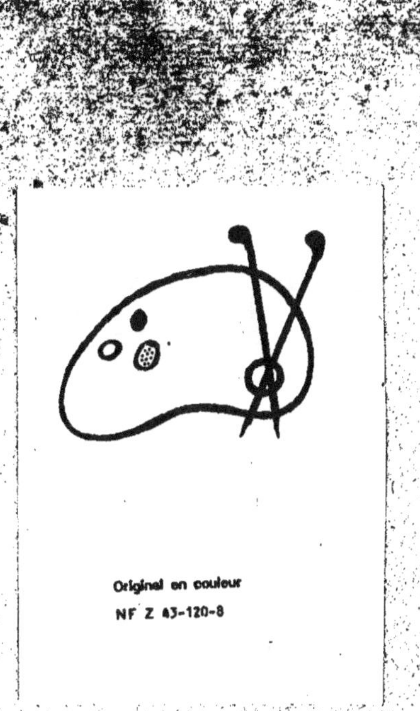

Original en couleur
NF Z 43-120-8

LA COUTUME

DE

MIREBEAU

ET DE

FAYE-LA-VINEUSE

PAR

G. D'ESPINAY

Président honoraire de la Société d'Agriculture, Sciences et Arts.

ANGERS

IMPRIMERIE LACHÈSE ET DOLBEAU

4, Chaussée Saint-Pierre, 4

1891

(3)

COUTUME

DE MIREBEAU

ET

DE FAYE-LA-VINEUSE

Extrait des Mémoires de la Société nationale d'Agriculture,
Sciences et Arts d'Angers.

LA COUTUME

DE

MIREBEAU

ET DE

FAYE-LA-VINEUSE

PAR

G. D'ESPINAY

Président honoraire de la Société d'Agriculture, Sciences et Arts.

ANGERS

IMPRIMERIE LACHÈSE ET DOLBEAU

4, Chaussée Saint-Pierre, 4

1891

LA COUTUME

DE MIREBEAU

ET

DE FAYE-LA-VINEUSE

———

Le territoire mirebalais, qui dépendait de la sénéchaussée secondaire de Saumur et de la grande sénéchaussée d'Anjou, se trouvait, ainsi que le Richelais,
enclavé entre le Poitou et la Touraine. Avant Louis XI,
le Loudunais faisait aussi partie de l'Anjou; ces trois
petits *pagi* se reliaient directement au Saumurois et
formaient ensemble une longue pointe, une sorte de
coin qui pénétrait profondément entre la Touraine
et le Poitou, tout en se rattachant à l'Anjou, sans
solution de continuité. Mais après l'érection de Loudun en siège royal et sa séparation définitive de
l'Anjou, le Mirebalais et le Richelais ne formèrent

plus qu'un îlot bizarrement détaché de sa métropole [1].

Cet îlot était, comme le reste du territoire de la sénéchaussée de Saumur, soumis à la coutume d'Anjou ; il la repoussait cependant sur un point essentiel, et admettait en matière de droit d'aînesse une coutume locale absolument différente de la coutume d'Anjou. Sur quel territoire s'étendait cette coutume et quelle était son origine ? Double question des plus intéressantes à étudier.

I

BARONNIE DE MIREBEAU

Mirebeau est une ancienne forteresse mentionnée par plusieurs diplômes du xie siècle, dont l'un remonte au temps du roi Robert [2]. Le château, bâti vers la fin du xe siècle par Foulques Nerra, comte

---

[1] Voir *Théâtre du Monde.* Amsterdam, 1647, tome II, n° 86 ; carte du Mirebalais.

[2] *Castellum quod vocatur Mirebellum in comitatu Pictavo* (Dipl. du roi Robert, vers l'an 1000, pour l'abbaye de Corméry. D. Bouquet, tome X, p. 578) ; — *Castrum quod dicitur Mirabel,* vers 1050 (Cartulaire de Saint-Nicolas, 27) ; — *Castrum Mirabelli,* vers 1050 (D. Fonteneau, tome XVIII) ; — *Miribellum,* 1092 (D. Bouquet, tome XIV, p. 85) ; documents cités par M. Redet, *Dictionnaire topographique de la Vienne,* art. Mirebeau et Mirebalais.

d'Anjou, fut démoli au xviie siècle par le cardinal de Richelieu, baron de Mirebeau. Ce château avait servi de prison, en 1202, à Arthur de Bretagne, retenu par son oncle Jean sans Terre. Les murailles de la ville, élevées sur un rocher crayeux et flanquées de tours, existaient encore en partie il y a quelques années. La situation de Mirebeau, bâti sur un point fort élevé qui domine une plaine immense, lui a valu son nom.

Le *castrum* de Mirebeau était le chef-lieu du petit pays appelé Mirebalais qui faisait jadis partie du *pagus* de Poitiers. On croit qu'il passa en même temps que le Loudunais sous la domination des comtes d'Anjou. Cependant, d'après le diplôme du roi Robert ci-dessus cité, il aurait encore appartenu au comte de Poitou vers l'an mil [1].

Mirebeau fut aussi le chef-lieu d'un archiprêtré, d'une châtellenie ayant sa sénéchaussée locale, puis d'une élection créée par François Ier, mais absorbée en 1657 par celle de Richelieu. Il est aujourd'hui chef-lieu d'un canton de l'arrondissement de Poitiers.

Je ne m'occuperai ni des limites de l'archiprêtré ni de celles de l'élection ; cette étude m'entraînerait trop en dehors de mon sujet ; je me bornerai à la géographie féodale et juridique. Je rappellerai seulement que Mirebeau faisait partie non du gouvernement militaire du Poitou, comme Loudun, mais de celui de Saumur. Pour la maréchaussée, Mirebeau dépen-

---

[1] *Dictionnaire topographique de la Vienne, loc. cit.*

dait, au xviii° siècle, de la lieutenance de Chinon et
de la grande prévôté de Tours.

La châtellenie de Mirebeau paraît avoir été formée
en grande partie avec le territoire de l'ancienne viguerie de Sauves, qui comprenait les paroisses de Sauves,
Cuhon, Mirebeau, Varennes, Neuville, Ouzilly et
Colombiers (pour partie) ; la viguerie se prolongeait
dans diverses directions au delà des limites où se res-
treignit plus tard la châtellenie [1]. Cette châtellenie
est mentionnée dès le xi° siècle et qualifiée baronnie
vers la fin du xiv° [2] ; elle relevait du château de Saumur et son siège féodal dépendait du siège royal de
la sénéchaussée de cette ville. Le magistrat de Mirebeau portait le titre de sénéchal ; il avait un lieutenant, qualifié aussi châtelain. C'est sous ce dernier
titre que celui-ci figure au procès-verbal de la coutume
d'Anjou de 1508 [3]. La baronnie de Mirebeau fut acquise
en 1628 par le cardinal de Richelieu et unie en 1631
au duché-pairie de Richelieu. Dès lors les appels des

[1] *Vicaria salvensis in pago Pictavo* (876, charte de saint Hilaire,
tome I, p. 10) ; — 914, charte de saint Cyprien, p. 85 ; documents cités par M. Redet, *Dictionnaire topographique de la
Vienne*, art. Saint-Jean-de-Sauves.

[2] *Castellania Mirebellensis*, vers 1090 (Cartulaire de saint Cyprien, p. 83), cité par M. Redet, art. Mirebeau).

[3] M. Beautemps-Beaupré a trouvé aux archives de France
d'importants documents relatifs à la sénéchaussée de Mirebeau
et notamment la liste des sénéchaux et de leurs lieutenants,
aux xiv° et xv° siècles, à partir de 1386. Il paraît qu'à cette
époque la juridiction féodale de Mirebeau avait déjà son auto-
nomie presque complète et ne relevait que des grands jours
d'Anjou et non de l'assise.

jugements rendus par le sénéchal de Mirebeau furent
portés à Richelieu et de Richelieu au Parlement de
Paris, sauf les cas présidiaux dont la connaissance fut
réservée au présidial d'Angers. Le siège de Saumur
n'eut plus alors dans le Mirebalais que la connaissance des cas royaux [1].

De la baronnie de Mirebeau relevaient plus de cent
dix fiefs et notamment ceux de Cheneché (pour partie), Purnon, Doussay et La Grisse. La seigneurie de
Cheneché, qualifiée châtellenie dès 1410, relevait en
partie du comté et de la sénéchaussée de Poitiers, en
partie de la baronnie de Mirebeau, et s'étendait prin-
cipalement dans les paroisses de Cheneché, Chabour-
nay, Vandœuvre, Neuville, Charay, Champigny-le-
Sec, Blalay et Thurageau. La châtellenie de Doussay
relevait de la baronnie de Mirebeau. Le château fut
fortifié vers 1433, par Jean de Brisay, chevalier. Un
hébergement à Doussay et la grande dîme de Doussay
étaient aussi tenus en fief de la baronnie de Mirebeau.
La Grisse est un hameau de la commune de Cheneché ; la seigneurie de La Grisse était qualifiée baronnie et relevait de celle de Mirebeau. Purnon était une
châtellenie relevant de la baronnie de Mirebeau, avec
deux autres fiefs, la dîme et les terrages [2].

Le procès-verbal de la rédaction de la coutume locale de Mirebeau ne nous fait connaître ni les do-

[1] Pocquet de Livonnière, *Brève notice de la province d'Anjou*,
à la suite de son Commentaire sur la coutume d'Anjou,
Paris, 1725.

[2] Voir *Dictionnaire topographique de la Vienne*, art. Cheneché,
Doussay, La Grisse, Purnon.

maines ecclésiastiques ni les noms des fiefs compris
dans le ressort de cette coutume. Il se borne au
simple énoncé du titre : « La coutume locale de la
« baronnie de Mirebeau et pays de Mirebalais, tenue,
« gardée, practiquée et observée audit pays. » Rien
de plus sur l'étendue territoriale de cette juridiction[1].
On peut toutefois induire de ces termes que la coutume de Mirebeau régissait non seulement tous les
fiefs ou domaines relevant directement de la baronnie, mais tout le pays de Mirebeau, c'est-à-dire toutes
les paroisses comprises dans la juridiction de la sénéchaussée féodale de Mirebeau. La liste de ces paroisses nous est donnée par le manuscrit de Bernard,
que j'ai publié en 1885[2].

Je reproduis ici cette liste des paroisses mireba-
laises :

La ville et faubourgs de Mirebeau, en cinq pa-
roisses : Notre-Dame, la Madeleine, Saint-André,
Saint-Pierre, Saint-Hilaire ; les paroisses rurales de
Bertegon[3], Verrue, Varenne, Ansigny, Savigny,
Suilly-en-Mirebalais, Doussay, Callier, Boucayeau,
Poligny, Chouppes, Braslay, Cheneché, Liargues,
Bournezeau, Damberse, Champigny-le-Sec, Vou-
zailles, Cherves, Massoignes, Craon, Jarzay-en-Mire-
balais, Sainte-Radégonde-de-Marcoué, Mareil, Cuhon-

---

[1] Richebourg, tome IV, p. 506.

[2] *Gouvernement militaire de Saumur*, p. 9, d'après le manuscrit 880 de la Bibliothèque d'Angers.

[3] Bertegon, d'après d'autres documents, faisait partie du
Loudunais ; la limite coupait la paroisse en deux ; ce qui, au
moyen âge, arrivait fréquemment.

en-Mirebalais, Saint-Jean-de-Sauves, Frontenay,
Saint-Cyr-en-Mirebalais, Lignières-en-Mirebalais.

Il faut remarquer que toutes les paroisses composant le bailliage féodal de Moncontour, qui dépendait aussi de la sénéchaussée de Saumur, restent en dehors de cette énumération[1], et que par conséquent ces paroisses étaient purement et simplement soumises à la coutume d'Anjou et ne reconnaissaient pas la coutume locale de Mirebeau. Le bailliage féodal de Moncontour est toujours resté distinct de celui de Mirebeau.

On peut donc tracer ainsi les limites de la juridiction et de la coutume locale de la sénéchaussée de Mirebeau : au nord, la limite séparant le pays d'Anjou de celui du Loudunais, depuis Bertegon et Lignières jusqu'à Saint-Aubin; à l'ouest, une ligne coupant Frontenay, comprenant Saint-Jean-de-Sauves, Cuhon et Vouzailles et laissant en dehors Sainte-Chartres, Notre-Dame-d'Oé et la Grimaudière, qui dépendaient de Moncontour; au sud et au sud-est, la limite séparant l'enclave angevine du Poitou et comprenant Vouzailles et Chenecché dans le Mirebalais, jusqu'à Doussay au nord-est; enfin une ligne coupant l'enclave entre Doussay, Lignières et Bertegon. Au nord de cette ligne on entre dans le pays richelais[2].

---

[1] Manuscrit 880 de la Bibliothèque d'Angers, déjà cité.
[2] Voir la carte du Saumurois annexée au *Gouvernement militaire de Saumur*.

II

BARONNIE DE FAYE-LA-VINEUSE

A la suite du procès-verbal de la rédaction de la coutume locale de Mirebeau, on lit la mention sui-vante : « A Faye-la-Vineuse, ils se gouvernent sui-vant ladite coutume, qu'ils ont rédigée par écrit en l'année mil quatre cent quatre-vingt-dix-huit[1]. » Il serait intéressant de retrouver cette vieille rédaction. Il serait curieux aussi de connaître exactement sur quels fiefs et sur quelles paroisses s'étendait le ressort de cette coutume locale, identique à celle de Mirebeau. En l'absence de documents précis, il faut se borner aux conjectures les plus vraisemblables.

Faye-la-Vineuse est mentionnée dès le x⁰ siècle par les chartes et les diplômes[2]. Vers 1020, Foulques Nerra entoura Faye de travaux de défense et en fit une forteresse destinée à protéger le pays contre les attaques des comtes de Poitou. Mais ces travaux ont

[1] Richebourg, tome IV, p. 597.
[2] *Faia*, 925 (Charte de Robert, archevêque de Tours); — *Faya*, 987; — *Fagia*, *Faia*, *Faiacum*, *Castrum Fagiæ*, etc. (Chartes des xi⁰ et xii⁰ siècles du Cartulaire de Noyers). — Voir *Dictionnaire géographique et historique d'Indre-et-Loire*, par M. Carré de Busserolles, art. Faye-la-Vineuse.

été détruits. Faye possède une église, ancienne collégiale, bâtie dans les premières années du xii° siècle,
et qui est un des types les plus remarquables de l'ar-
chitecture romane dans notre contrée. La paroisse de
Faye-la-Vineuse dépendait du diocèse de Poitiers ;
elle était chef-lieu d'un archiprêtré important qui
comprenait vingt-huit paroisses. Pour le temporel,
elle était comprise dans l'élection de Richelieu, la
sénéchaussée et le gouvernement militaire de Saumur.

Les communes de Saint-Jouin et de Marnay ont
été réunies à celle de Faye, le 28 messidor an VII ;
cette ancienne ville n'est plus, toutefois, aujourd'hui,
qu'une simple commune du canton de Richelieu.

La seigneurie de Faye paraît avoir été formée de
l'ancienne viguerie de Braye, l'une des quatre vigue-
ries du *pagus* de Châtellerault. Elle avait titre de
baronnie et relevait du château de Saumur à foy et
hommage-lige. Landry de Faye, cité dans une charte
de 980, est le premier seigneur connu de cette localité.
Son fils Ebles, mentionné dans une charte de 999,
fut père d'Ayraud, seigneur de Faye, duquel naquit
une fille unique, Nivès, qui épousa Aimery de Loudun et fut la première fondatrice de la collégiale.

La baronnie de Faye resta dans la maison de
Loudun pendant plusieurs générations et passa au
xii° siècle à Ours de Mellay de Freteval, par sa
femme Grécie. Au xiii° siècle, Faye appartint à la
maison de la Haye-Passavant ; au xiv° siècle, par
suite d'alliances, à Pierre de Marmande, puis aux
de Bueil, au xv° siècle, puis aux Gillier, etc. Elle fut

enfin vendue en 1626 au cardinal de Richelieu, et unie en 1631 au duché-pairie de Richelieu [1].

La paroisse de Faye comprenait divers hameaux et plusieurs fiefs. Parmi les fiefs dépendant de Faye, il faut citer : la Grillère (commune de Faye), relevant de la baronnie à foi et hommage-lige et un éperon doré pour devoir ; la Gouttière (même commune), et le fief de Bonnette (idem) [2].

Les mouvances de la baronnie n'étaient pas toutes renfermées dans la paroisse de Faye ; elles pénétraient dans celles de Bertegon, Saint-Christophe, Nueil-sous-Faye, Savigny, Sérigny [3]. Le bourg de Bertegon et une partie de la paroisse dépendaient du Loudunais ; mais le surplus de cette paroisse était de la seigneurie de Faye-la-Vineuse. Saint-Christophe faisait partie du duché et de la sénéchaussée de Châtellerault ; le fief de Saint-Christophe, qualifié châtellenie dès 1483, relevait de la baronnie de Thuré ; quelques fiefs toutefois, situés en cette paroisse, relevaient de la baronnie de Faye. Nueil-sous-Faye dépendait du duché-pairie de Richelieu ; la cure était à la nomination du chapitre de Faye. Savigny-sous-Faye était compris dans le duché-pairie de Châtellerault pour partie et dans celui de Richelieu, aussi pour partie. Le prieuré et la cure de Savigny dépen-

[1] *Dictionnaire géographique et historique d'Indre-et-Loire*, loc. cit.

[2] *Dictionnaire d'Indre-et-Loire*, art. La Grillère, La Gouttière, Bonnette.

[3] *Dictionnaire topographique de la Vienne*, par M. Redet, Introduction, p. xxii.

daient de l'abbaye de Saint-Benoist de Quinçay ; le
prieur était seigneur haut justicier de la paroisse ; le
fief du prieuré relevait du château de Saumur. A
Sérigny, le fief du prieuré relevait du prieuré de
Faye-la-Vineuse. Prinçay dépendait de la châtellenie
de Faye et du duché-pairie de Richelieu [1].

Le fief de Richelieu relevait lui-même à foi et
hommage de Faye-la-Vineuse, avant la réunion des
deux seigneuries par le cardinal de Richelieu [2]. Il en
était de même des fiefs de Braye, Braslou, Courcoué,
Ceaux ; des prieurés-fiefs de Jouin-sous-Faye et
d'Orches, etc [3].

Lorsqu'on jette les yeux sur une carte détaillée, on
est frappé de l'enchevêtrement de ces différents fiefs
dans les diverses paroisses sus relatées et l'on voit
que toutes les localités relevant féodalement de Faye-
la-Vineuse étaient loin de former un territoire con-
tinu ; ce sont des enclaves pénétrant les unes dans
les autres et présentant l'aspect d'un labyrinthe à peu
près inextricable.

Avant sa réunion au duché-pairie de Richelieu,
Faye-la-Vineuse était le centre féodal le plus impor-

[1] *Dictionnaire topographique de la Vienne*, art. Bertegon, Saint-
Christophe, Nueil-sous-Faye, Savigny, Sérigny, Prinçay.
[2] Aveu rendu le 8 avril 1407, par Jehan de Clérambault,
seigneur de Richelieu (*Dictionnaire d'Indre-et-Loire*, art. Richelieu).
[3] *Dictionnaire d'Indre-et-Loire*, art. Braye, Braslou, Courcoué,
Ceaux, Jouin-sous-Faye, Orches, la Tour-Saint-Gelin, Jaulnay,
La Rajace, Assay, Grazay, Rasine, etc.

tant du pays. Elle était le chef-lieu d'une juridiction
dont il est difficile de fixer les limites, mais qui comprenait probablement les paroisses avec lesquelles
devait être formé plus tard le bailliage de Richelieu,
bien moins étendu que le duché-pairie [1]. Les membres
de la famille de Richelieu ne dédaignaient pas de venir
plaider souvent devant cette juridiction [2].

Après l'érection du duché-pairie de Richelieu et
l'annexion de la baronnie de Faye-la-Vineuse à ce
duché, cette seigneurie fut soumise au même régime
que celle de Mirebeau. Les officiers de la sénéchaussée de Saumur ne connurent plus que des cas royaux
dans l'étendue des baronnies de Richelieu et de Faye-
la-Vineuse ; les cas présidiaux continuèrent toutefois
à être jugés en appel au présidial d'Angers [3].

Les paroisses composant le bailliage proprement
dit de Richelieu étaient les suivantes [4] : la ville de
Richelieu, Braye, le Sablon, Nueil-sous-Faye,
Ceaux, Pouant, Orches, Chavagné-sur-Veude, Courcoué, Braslou, Nancré, Jouaye, la ville de Faye-la-

---

[1] Les archives d'Indre-et-Loire possèdent un registre des
plaids de Faye-la-Vineuse, de l'an 1618, antérieur par conséquent à la réunion de Faye-la-Vineuse au duché de Richelieu
(série B, n° 7).

[2] *Histoire de Richelieu*, par M. l'abbé Bossebœuf. (Mémoires
de la Société archéologique de Touraine, tome XXXV,
p. 160-162.)

[3] Pocquet de Livonnière, *loc. cit.*

[4] Le duché-pairie comprenait en outre les baronnies de
Chinon, l'Ile-Bouchard, Mirebeau, etc., avec leurs juridictions
féodales.

Vineuse, Savigny, Prinçay[1], et peut-être aussi la
Tour-Saint-Gelin[2].

Reste à savoir si la coutume de Faye-la-Vineuse
s'appliquait à toute l'étendue de ces diverses paroisses
ou seulement aux fiefs et arrière-fiefs relevant de
cette baronnie. Je ne pourrais trancher cette question
avec une entière certitude, bien qu'il me paraisse pro-
bable que la coutume fût suivie dans tout le territoire
de l'ancienne juridiction féodale de Faye-la-Vineuse[3].

Lorsqu'on étudie ces coutumes locales d'une étendue si restreinte et si souvent coupée par des enclaves,
on ne peut plus répéter avec Pascal : « vérité en deçà
des Pyrénées, erreur au delà », mais on est tenté de
dire : « vérité en deçà du mur ou du fossé mitoyen,
erreur au delà. »

III

LA COUTUME DE MIREBEAU. — SON ORIGINE

Le 28 août 1571, les magistrats et praticiens de la
sénéchaussée de Mirebeau se réunirent au siège ordi-

[1] Manuscrit 880 de la Bibliothèque d'Angers. — *Gouvernement militaire de Saumur*, p. 9 et la carte.

[2] Pocquet de Livonnière classe cette paroisse parmi celles
de la sénéchaussée de Saumur; le manuscrit 880 l'omet au
contraire.

[3] Certaines dépendances des baronnies de Marmande et de
Faye-la-Vineuse étaient régies par la coutume de Touraine,
car le baron de Marmande et de Faye fut convoqué pour la
rédaction de cette coutume en 1507 et en 1559. (Richebourg,
tome IV, p. 630 et 678.)

2

naire de cette juridiction, en séance, sous la présidence d'Alexandre Barrotin, licencié ès-lois, seigneur de Vauroux, sénéchal et juge ordinaire de Mirebeau. L'Assemblée se composait, outre le sénéchal, président, de maître Honorat Garret, licencié ès-lois, lieutenant en ladite cour; Guy David, aussi licencié, châtelain de la cour; maître François Goussery, avocat fiscal; maître François Gorré, procureur fiscal; maître Pierre Béraudin, enquêteur; et en outre de treize avocats, tous qualifiés du titre de *maître* et de plusieurs autres praticiens et *patrocinans* en la cour de céans, mais dont les noms ne sont pas indiqués. Pas d'ecclésiastiques, ni de nobles ou possesseurs de fiefs; ils ne paraissent pas avoir été convoqués.

Il fut reconnu par les légistes qui seuls composaient l'Assemblée que, suivant la coutume locale de la baronnie de Mirebeau et pays de Mirebalais, au fils aîné noble, si fils il y a, sinon à la fille aînée quand il n'y a que filles ou à sa représentation appartient par préciput et avantage le manoir principal avec les préclôtures anciennes et un chezé de trois minées de terre autour dudit manoir et préclôtures si elles s'y trouvent; à défaut des trois minées, un hommage, s'il en est dû, ou cinq sols de rente.

Sous le bénéfice de ce préciput le fils aîné ou la fille aînée, s'il n'y a que filles, ou son représentant garantit en parage les portions des puînés provenant de la même succession. Si les puînés vendent leurs portions, les ventes et émoluments de fiefs appartiennent à l'aîné et non pas au seigneur suzerain duquel la mai-

son serait ténue soit à hommage, soit à quelque autre
devoir noble.

Il est requis qu'il soit dit dans l'acte de partage que
les puînés tiendront leurs portions en parage sous
ledit préciput. Le parage failli, il doit être fait impo-
sition de devoir ; quand les branches cadettes sont
assez éloignées du tronc pour qu'il n'y ait plus pa-
renté canonique, elles deviennent vassales du chef
de la branche aînée et tiennent de lui en arrière-
fief.

Le préciput ayant été attribué à l'aîné ou à l'aînée,
hors partage, celui-ci ou celle-ci doit établir des lots
égaux, et le choix est fait ensuite par rang d'âge en
commençant par le plus jeune cohéritier.

Le fils aîné, la fille aînée ou leur représentant
prend de même le principal manoir à titre de préciput
dans la succession de la mère comme dans celle du
père.

Le même système s'applique aux successions collatérales de frères aînés ou puînés, sœurs, oncles, tantes,
neveux, cousins-germains ou autres, quand le *de
cujus* ne laisse pas d'enfants légitimes.

Le droit d'aînesse s'exerce de la même manière
entre roturiers pour les biens hommagés tombés en
tierce foi ; mais alors il est au choix des puînés de
tenir de leur aîné ou du suzerain.

En chaque succession directe ou collatérale, s'il
y a plusieurs domaines, il n'y a cependant qu'un seul
préciput au profit de l'aîné, pourvu toutefois que les
divers domaines et manoirs soient assis en un seul

bailliage royal. Car si les domaines sont dispersés en divers sièges royaux, l'aîné ou principal héritier prend un préciput ou avantage distinct en chaque bailliage ou sénéchaussée.

Une observation ayant été présentée par André Pillot, fermier et receveur de la seigneurie noble de Rochefort située en la baronnie de Mirebeau, au sujet de l'étendue du préciput de l'aîné, il fut répondu par tous les praticiens présents que le préciput de l'aîné comprend le manoir principal, châtel ou hôtel, maisons, granges, étables, fuies et logements avec les préclôtures anciennes, pourvu que le tout tienne ensemble, et un pourpris de terre joignant audit châtel ou hôtel, cour, jardin, terres labourables, vignes, prés, garennes, bois de haute futaie, bois taillis et autres choses quelconques, le tout renfermé de murailles ou fossés anciens. Le principal héritier doit prendre ces choses telles qu'elles sont, de grande ou de petite valeur, pourvu que les clôtures environnant ledit manoir principal n'excèdent pas le vol du chapon qui comprend 160 pas doubles (huit-vingt dit le texte) ou 320 pas simples (seize-vingt), à prendre à longueur de corde de cordeleur ou mesureur de terre « selon l'ar- « ticle 32 de la coustume générale de ce pays d'An- « jou » ; et, s'il y a excédent, le surplus sera rescindé et viendra en partage. Les trois minées de terre doivent être prises près du manoir et de ses préclôtures, si elles y sont, et, à défaut seulement, un hommage ou cinq sols de rente.

Si au dedans du manoir et de ses clôtures il y a

four ou moulin banal, l'immeuble reste à l'aîné,
mais les profits et revenus desdits four ou moulin
tombent en partage.

Si les bois, garennes et autres dépendances
n'excèdent pas le vol du chapon, elles restent à l'aîné;
si elles l'excèdent il y a lieu à rescision, et celui-ci
peut prendre alors ses trois minées sur la portion de
terre mise hors du vol du chapon. Mais si elles sont
moindres que le vol du chapon ci-dessus fixé, l'aîné
les prend telles qu'elles sont avec ses trois minées ou
leur équivalent en sus.

C'est une interprétation très complète et très expli-
cite de la coutume donnée séance tenante par ses
rédacteurs et insérée au procès-verbal. Le tout fut
affirmé sincère et véritable[1]; mais la coutume ne
paraît pas avoir été jamais déposée au Parlement.

Lorsqu'on lit les dispositions de la coutume de
Mirebeau on est frappé d'un grand étonnement et l'on
se demande comment il a pu se faire qu'au milieu
d'un pays soumis pour tout le système féodal et judi-
ciaire : droits seigneuriaux, douaires, rapports conju-
gaux, baux, tutelles, etc., à la coutume d'Anjou, on
ait suivi pour l'application du droit d'aînesse, c'est-à-
dire sur un des points les plus importants de l'ancienne
législation, un système diamétralement opposé à celui
de la coutume d'Anjou. Tandis qu'à Loudun on donne
aux aînés nobles, fils ou filles, un préciput très sé-
rieux (les deux tiers de tous les domaines hommagés

---

[1] Richebourg, tome IV, p. 596, 597.

ou non), qu'à Moncontour on suit la coutume d'Anjou qui n'accorde aux cadets nobles qu'un simple
usufruit, à Mirebeau et à Faye-la-Vineuse, à quelques
lieues de Loudun et de Moncontour, la coutume locale réduit le droit d'aînesse à un modeste préciput,
au manoir de famille et au vol du chapon ; et encore
ce préciput n'a-t-il lieu qu'entre nobles ou entre roturiers possédant fief depuis trois générations, c'est-à-
dire prenant rang dans la noblesse, et ne s'applique-
t-il qu'aux biens hommagés. Il faut remarquer toutefois que le principe féodal est respecté, en ce sens
que d'après notre coutume il y a lieu à parage ; bien
que l'aîné n'ait qu'un préciput à peu près illusoire,
le fief n'est pas censé divisé au regard du seigneur
dominant et le chef de la branche aînée reste toujours
seul responsable du service du fief.

Quelle est l'origine de cette coutume locale qui con-
sacre une si étrange anomalie, une exception si
tranchée aux règles du droit féodal de l'Anjou?

Est-ce un affaiblissement du droit d'aînesse qui
aurait été plus rigoureux dans les temps anciens? —
Est-ce une importation étrangère? — Ne serait-ce pas
plutôt la conservation d'un vieux système maintenu
par l'usage à travers les siècles, en dépit des aggra-
vations apportées par degrés au droit d'aînesse par la
coutume d'Anjou?

Examinons ces trois hypothèses :

La première est fort peu vraisemblable. La noblesse, soumise d'abord aux rigueurs de la coutume
d'Anjou, aurait-elle par faiblesse, par esprit d'équité

ou d'égalité laissé amoindrir le droit d'aînesse à Mirebeau et à Faye, tandis qu'elle le maintenait dans toute
sa rigueur à Moncontour et à Loudun ? La jurispru-
dence de la sénéchaussée d'Angers aurait-elle, de
connivence avec la noblesse mirebalaise, admis cette
infraction à la coutume générale ? Elle a pu tolérer
la conservation d'un très vieil usage, mais non pas
permettre d'en établir un nouveau en opposition fla-
grante avec la coutume générale de la province. La
preuve du contraire c'est que la noblesse mirebalaise
a protesté pendant plusieurs siècles contre sa propre
coutume. Dès 1508, lors de la rédaction de la coutume d'Anjou, le châtelain de Mirebeau demandait
que les aînés nobles prissent les deux tiers de la succession, en laissant toutefois le tiers aux cadets en
pleine propriété. C'était adopter le système des coutumes de Touraine et de Loudunais. Sa demande
fut repoussée parce que l'Assemblée provinciale d'Anjou ne trouva pas ses pouvoirs suffisants pour solli-
citer un pareil changement [1].

Au xvii° siècle la noblesse de Mirebeau présenta
une requête au Roi pour demander l'abolition de
l'usage de partager également les biens entre nobles
« qui s'y est introduit ». Par cette requête les nobles
réclament qu'il leur soit fait application de l'article 222 de la coutume d'Anjou, en laissant toutefois
la pleine propriété de leur part aux cadets, comme il

[1] Procès-verbal de la rédaction de la coutume d'Anjou, en
1508. (Richebourg, tome IV, p. 592.)

avait été demandé en 1508, lors de la rédaction de la
coutume d'Anjou.

Les requérants argumentaient de ce que les
articles 238 et 248 de la coutume d'Anjou consacrent
des exceptions admises à cette coutume générale [1],
tandis que l'article 222, beaucoup plus important et
d'une portée beaucoup plus générale, ne mentionne
pas l'exception de la coutume locale de Mirebeau,
qui, pour avoir force de loi, aurait dû être mentionnée en cet endroit.

Les requérants allèguent aussi la pauvreté de la
noblesse, son affaiblissement, la moins-value des
terres, la difficulté que cette pauvreté entraîne pour
faire le service du roi, grands inconvénients dûs au
système du partage égal. Ces considérations écono-
miques pouvaient être vraies ; mais les doléances des
nobles mirebalais ne furent point écoutées [2]. Elles
prouvent toutefois que ce n'est point la noblesse
mirebalaise qui a établi l'usage en question, au profit
de ses cadets, à une époque récente.

Cette coutume serait-elle une importation étrangère ? Cette opinion est alléguée dans la requête ci-dessus visée. On y lit en effet : « néanmoins René, roi de
« Naples et duc d'Anjou, aiant vendu et cédé
« en 1448 (sic) à Jean de Bourbon la baronnie de
« Mirebeau, en remplacement des deniers dotaux de
« sa sœur Marie, épouse décédée sans enfants de

---

[1] Voir ci-après.
[2] *Archives historiques du Poitou*, tome VIII. Document publié
par M. de La Ménardière.

. « Jean, duc de Calabre, fils aîné du roi René, et le
« duc de Bourbon, ayant envoyé du Bourbonnais des
« officiers pour rendre la justice à Mirebeau, ces
« officiers y introduisirent le partage égal entre i
« nobles qui se pratiquait en Bourbonnais et dans le
« comté de la Marche... » [1].

Il faut remarquer que les nobles du Mirebalais
n'accusent pas les légistes de leur pays d'avoir introduit le partage égal dans leur coutume locale, mais
des officiers de justice étrangers. Cette allégation est
dénuée de preuves ; est-elle au moins vraisemblable ?

Ce n'est pas en 1448, mais en 1478 seulement,
comme l'a fort judicieusement fait remarquer M. de
La Ménardière, que René put céder la baronnie de
Mirebeau à Jean de Bourbon [2]. Or la rédaction de la
coutume de Faye-la-Vineuse, identique à celle de
Mirebeau, remonte à 1498, vingt ans seulement après
cette cession et Faye ne dépendait pas de la baronnie
de Mirebeau. L'existence de l'usage mirebalais en
matière de droit d'aînesse est constaté dès 1508,
trente ans après la cession dont il s'agit. Dans le
procès-verbal de la rédaction de la coutume d'Anjou
on ne dit pas du tout que l'usage fût récent et étran-
ger ; c'était pourtant un bon argument à faire valoir
pour en demander l'abrogation. On lit d'ailleurs dans
le procès-verbal de la rédaction de la coutume de
Mirebeau de 1571 la phrase suivante : « que par la
« coustume locale *de tout temps gardée, practiquée et*

---

[1] Même document.
[2] M. de La Ménardière, *loc. cit.*, en note.

« *observée* en succession directe ou autre collaté-
« rale... etc. » On considérait donc au xvi° siècle la
coutume locale de Mirebeau comme immémoriale. La
coutume d'Anjou reconnaît elle-même implicitement
l'existence d'usages locaux pour le Mirebalais sur
deux autres points : 1° En donnant tous les meubles
au survivant des époux nobles en Mirebalais ; 2°. En
décidant qu'au même pays, en cas d'entrée d'un
enfant en religion, sa part se divise également entre
ses frères et sœurs, comme s'il était mort, et sans
préciput pour l'aîné [1]. L'assemblée provinciale
de 1508 admit implicitement, d'autre part, l'usage
relatif au droit d'aînesse, en refusant le changement proposé par le châtelain. Il ne faut pas
oublier enfin, que la coutume d'Anjou avait été rédigée officiellement dès 1411, et que les officiers d'un
baron féodal n'auraient pu faire prévaloir un usage
aussi contraire à la coutume générale de la province
que l'était celle du Mirebeau ; les sénéchaux d'Anjou
ne l'eussent certainement pas permis. Tout se réunit
donc pour repousser le système d'une importation
étrangère qui aurait été récente encore au commen-
cement du xvi° siècle, lors de la rédaction de la coutume d'Anjou.

Reste la troisième hypothèse qu'il est fort intéressant d'étudier. Il faut pour cela remonter aux usages
primitifs du Poitou, en matière de succession.

En Anjou et dans les provinces voisines l'alleu se
partageait encore par parts égales aux xi° et xii°

[1] Coutume d'Anjou, art. 238, 248.

siècles [1]. Il y a tout lieu de croire qu'en Poitou, pays plus rapproché des pays de droit écrit, il en était de même à plus forte raison. Ce qui est certain, c'est qu'au xive et au xve siècle, la plus grande diversité régnait dans cette province, en ce qui concerne les successions nobles [2].

Dans la région située entre la Dive et la Sèvre Nantaise, entre cette dernière rivière et la Mer, on suivait le système dit du *viage* ou *droit de retour*, d'après lequel après la mort d'un gentilhomme, ses domaines passaient à son fils aîné, puis au cadet et ainsi de suite jusqu'à la mort du dernier puîné ; ils revenaient ensuite au fils aîné de l'aîné. Ce système était suivi pour la succession des vicomtes de Thouars, des barons de Parthenay et probablement aussi pour celle des barons de Montreuil-Bellay au xie siècle [3]. Il fut aboli lors de la rédaction de la coutume de Poitou en 1514 ; la noblesse du pays

[1] D'Espinay, *Cartulaires angevins*, p. 218 et suivantes.

[2] Voir : *Établissements de Saint-Louis*, par M. P. Viollet, tome I, Introduction, p. 315-322. — Le savant auteur a montré l'influence exercée par les *Établissements* sur le droit de la France aux xiiie et xive siècles, et traité ce sujet avec tant d'érudition et de sagacité qu'il l'a presque complètement épuisé.

[3] *Histoire de la ville de Parthenay*, par M. Ledain, p. 49. — *Les Établissements de Saint-Louis*, de M. P. Viollet, *loc. cit.* — D'Espinay, *Cartulaires angevins*, p. 234 et *Notices archéologiques*, tome II, p. 150. — M. de La Ménardière a consacré un fort intéressant travail à ce régime successoral dans lequel il voit un usage slave importé par les Taïfales établis à Tiffauges. (*Mémoires de la Société des antiquaires de l'Ouest*, tome VII, année 1884.)

d'entre Dive et Sèvre et d'entre Sèvre et Mer réclama vainement contre son abolition [1]. D'après cet usage, le droit d'aînesse était très fortement organisé dans cette région et la conservation des domaines héréditaires des familles nobles, tout aussi bien assurée que par le système angevin [2].

Dans la Gâtine, au pays de Parthenay, on suivait un système différent. Le droit d'aînesse en cette région paraît avoir subi l'influence des coutumes angevines. On lit en effet dans la coutume rédigée à Parthenay en 1417 par plusieurs jurisconsultes :

« L'autre gouvernement ou coutume dudit païs de « Poictou est en la ville et ressort de Parthenay, « lequel païs est appelé Gastine, auquel païs de Gas- « tine tant en succession directe que en succession « collatérale, le principal héritier masle ou qui le re- « présente prend, par droit de aisneesse, le principal

---

[1] *Archives historiques du Poitou*, tome VIII. Document publié par M. de La Ménardière (Immutations des coustumes ancyennes et ancyennement gardées et observées).

[2] « ... Item audit païs d'entre les deux rivières de la Sayvre « et de la Dyve, si le frère aisné qui est héritier principal va « de vie à trespassement par avant ses frères puisnez, posé « ores que celui frère aisné principal héritier délaisse enfans « de luy et de loïal mariage, iceulx enfans ne succéderont « point pour lors à leur dit père, sinon ès-meubles.

« Et au cas susdit viendra ladite succession des choses « nobles que avoit tenu ledit frère aisné leur père, au premier « frère puisné, lequel fera tant à ses frères puisnés si aucuns « y en a, que aux enfans de son dit frère aisné, provision, « comme dessùs est dit, cest assavoir de neuf parties les deux. » (Coutume de 1417, citée par M. Ledain, *La Gastine historique et monumentale*, p. 37.)

« chastel ou hostel ou autre qu'il veult eslire
« avecques lesdites appartenances de vergier et clos-
« tures anciennes joignans à icelluy, ainsi et par la
« manière que dit est, et les deux tiers du surplus de
« toutes les terres et revenus nobles qui sont obvenus
« d'icelle succession estans audit païs de Gastine. Et
« tous les puisnez, fils ou filles ou qui les repré-
« sentent n'y prennent que la tierce partie à diviser
« esgaulment entre eux... Et avecques ce ledit prin-
« cipal héritier prend par son dit droit d'aisnecesse tous
« les meubles et à luy sont toutes les actions tou-
« chans meubles, mes aussi il est tenu de payer les
« debtes touchans meubles que devoit son prédéces-
« seur...

« Et si au dit païs de Gastine aucune succession
« chet en filles et qu'il n'y ait enffant masle ou qui
« le représente, la fille ou sueur aisnée ou qui la
« représente doit avoir par aisneesse et prérogatives
« le chastel ou hostel principal ou autre avecques ses
« dits apartenances de vergiers et clousures anciennes
« joignans à icelluy, ainsy et par la manière que des-
« sus est dit et n'y eust que ung chastel, hostel ou
« habergement et le surplus de la succession tant
« héritages que meubles, sera parti entre elle et ses
« sueurs puisnées ou qui les représente esgaulment
« par esgalles portions. Et semblablement sera divisé
« la succession collatérale quand elle chet en filles
« comme dit est [1]. »

[1] *La Gastine historique et monumentale*, p. 37. — Voir aussi
p. 197. La Bibliothèque de la ville de Poitiers possède un
exemplaire de cette coutume imprimé en 1486, et la Bibliothèque nationale un manuscrit (Fonds français, 12042).

Il y a représentation et tous les enfants d'un puîné prédécédé ne font qu'une même têtée. Si un puîné meurt après partage et sans enfants, il n'y a pas d'accroissement au profit des autres puînés ; cette part se divise au pays de Gâtine comme les autres successions collatérales, c'est-à-dire de la même manière que les successions directes, tant en meubles qu'en héritages.

Les parties du territoire de la Gâtine qui se trouvaient enclavées entre la Sèvre et la Dive, étaient régies par la coutume de Gâtine ci-dessus énoncée, et non par le droit d'entre Sèvre et Dive.

Le reste du Poitou était sur ce sujet soumis à une règle absolument opposée et le droit d'aînesse y était au contraire très faiblement organisé. Un passage du *Livre des Droits et des Commandements d'office et de justice*, publié par M. Beautemps-Beaupré, et qui est l'expression des coutumes du Poitou au xiv° siècle, bien qu'il porte la date de 1424, nous apprend en effet qu'en diverses châtellenies poitevines, et notamment en celle de Saint-Maixent, l'aîné n'avait que le principal hébergement avec trois arpents de terre, situés au plus près possible du manoir, et un hommage que l'on appelait *chieste* [1]. Il faut remarquer que cet usage de Saint-Maixent et de plusieurs autres châtellenies ressemble singulièrement à notre coutume de Mirebeau.

Un autre passage du même livre rappelle encore cette coutume du partage à peu près égal entre

---

[1] *Le Livre des Droits et des Commandements*, n° 750 (manuscrit de la bibliothèque de l'Arsenal).

nobles : « de fié en hébergemént quant il eschiet à
« frères, li aisné aura le herbergement et un quartier
« de terre entour et servira au seigneur et les frères
« li serviront et le remaignant sera frereschau [1]. »
N'est-ce pas là notre coutume de Mirebeau ? L'aîné
prend dans les successions nobles l'hébergement ou
manoir principal avec une bande de terre autour de
l'habitation et le reste du domaine se partage également ; il sert le seigneur et ses frères le servent.
Toutes les mêmes dispositions se retrouvent dans les
deux coutumes : le partage égal, sauf un modeste
préciput et le parage.

Il faut remarquer aussi les termes généraux de ce
passage du *Livre des Droits* qui semble s'appliquer à
tout le Poitou et ne pas limiter l'usage en question à
quelques localités particulières.

On lit, il est vrai, quelques lignes plus loin un
assez long passage extrait de la coutume d'Anjou ou
des Établissements de Saint-Louis et à la suite l'auteur ajoute : « Mais la coustume de Poitou est autre,
« que l'ainsné ne prend que le quint de la terre en
« avantage et le hébergement principal... [2]. »

Comment concilier ces deux passages ? Dans le premier on ne donne à l'aîné que l'hébergement et un
coin de terre ; dans le second on y ajoute le quint des
domaines. Il faut remarquer toutefois que le livre des
droits n'est point une coutume officielle et savam-
ment rédigée ; mais un simple recueil de décisions et

[1] *Idem*, n° 407.
[2] *Idem*, n° 412.

d'opinions, dans lequel l'influence angevine se glisse
fréquemment [1]. Il me semble qu'à l'époque où ce livre
a été rédigé, l'attribution du quint à l'aîné devait être
d'introduction récente et que le premier passage est
l'expression d'un usage plus ancien et non encore
abandonné complètement en présence d'une jurispru-
dence nouvelle qui tendait à s'établir. La fixation
d'une quote-part de la succession, précise et limitée
au profit de l'aîné, est en effet de création relativement récente dans notre ancien droit ; on n'en trouve
pas trace dans les documents antérieurs au xiiie siècle ;
elle a quelque chose de factice et d'arbitraire et n'a
pu s'établir que par des décisions judiciaires ou légis-
latives en vertu d'un système préconçu. Cela est si
vrai pour le Poitou, qu'on lit en effet dans un autre
passage du *Livre des Droits* : « Et en plusieurs lieux
« en Poitou qui ne prent que le herbergement et trois
« quartiers de terre à l'entour et un homage jusques
« à 100 sols, et le quint en avantage *si comme plu-*
« *sieurs tennent* [1]. » Cette attribution du quint des
terres à l'aîné, n'était donc encore que l'opinion de
plusieurs jurisconsultes, et non la règle admise par
tous ; on doit en conclure que les autres n'accor-
daient encore à l'aîné que l'hébergement et ses dépea-
dances immédiates.

Cette opinion me paraît, du reste, complètement

[1] *Le Livre des Droits et des Commandements*, introduction par
M. Beautemps-Beaupré ; et introduction des *Établissements de
Saint-Louis*, par M. Viollet, *loc. cit.*
[1] *Le Livre des Droits et des Commandements*, n° 838.

confirmée par un document cité par M. Viollet.
En 1519, un gentilhomme poitevin, Nicolas Claveurier, manifeste dans son testament le désir de voir
son fils aîné partager également avec ses frères et
sœurs, en prenant pour tout droit d'aînesse cent livres
de rente, l'hôtel et maison noble et un hommage de
cinq sols, *selon que portait la coutume ancienne*. Le testateur invoque le droit naturel au profit des cadets. Si le
fils aîné veut profiter des avantages que lui fait la coutume nouvelle (celle de 1514 dont nous parlerons
plus loin), le père tâchera du moins d'en tempérer la
rigueur en laissant aux seuls cadets ses meubles et
ses acquêts [1]. Ce document ne tranche-t-il pas la
question et ne montre-t-il pas clairement que, d'après l'ancien droit poitevin, l'aîné n'avait pour tout
préciput que le manoir principal et un léger avantage?
Le droit au quint des immeubles n'aurait même pas
été établi au xv⁰ siècle, d'une manière générale et
absolue.

La coutume de Mirebeau, si conforme à ce vieux
droit du Poitou, n'est donc autre chose qu'un débris
de l'antique système conservé par l'usage, malgré les
rigueurs introduites aux xiii⁰ et xiv⁰ siècles contre les
cadets par la coutume d'Anjou. Cette solution nous
paraît s'imposer d'elle-même et il me semble inutile
de chercher à expliquer la coutume de Mirebeau par
un importation étrangère, quand on trouve le même

[1] *Les Établissements de Saint-Louis*, par M. P. Viollet, *loc.
cit.*

système encore en vigueur dans une grande partie du
Poitou aux xiv° et xv° siècles.

On ne doit pas oublier, du reste, que le partage
égal, sauf pour le manoir et le vol du chapon, a toujours existé en Touraine pour les successions entre
filles, et qu'il a été admis même en Anjou jusqu'au
xiv° siècle. Le *Livre des Droits* nous dit aussi que si
une vavassorerie échoit à des filles, le partage se fait
également; l'aînée prend seulement en préciput un
hébergement et un *chieste* de la valeur de cinq sols[1].
Mais en Poitou et en Angoumois le parage n'est que
facultatif entre filles; le principe féodal de l'indivisibilité du fief a subi une atteinte et s'est affaibli[2].

D'après un autre passage du *Livre des Droits*, la
fille aînée noble, à défaut de fils, prend l'hébergement avec ses dépendances, et en outre le quint, mais
seulement sur les domaines hommagés; « et s'il y a
« demaines tenuz à rupture, ilz viennent par esgal
« porcion. Et aucuns tiennent que par la Coustume
« de Poitou n'a quê le herbergement principal et cer-
« tains arpens de terre et appartenances »[3]. Toujours la même incertitude, la même diversité d'opinions; tous les jurisconsultes n'accordent pas le quint
à la fille aînée, venant à défaut de fils; *aucuns tiennent*
qu'elle n'a droit qu'à l'hébergement et à ses dépendances immédiates.

---

[1] *Le Livre des Droits et des Commandements*, n° 398. — Comp.
coutume de Touraine, art. 273; — d'Anjou, art. 227.
[2] *Le Livre des Droits et des Commandements*, n° 838.
[3] *Idem*, n° 414.

Entre roturiers, la question de savoir s'il y a lieu à
avantage pour l'aîné en ce qui touche les biens hommagés, était encore pendante au xiv° siècle. « L'on
« pourroit arguer, dit le *Livre des Droits*, qui si auroit
« et y traire plusieurs raisons, et plusieurs tiennent
« le contraire, car la coustume ne se estant mais aux
« nobles et fut introduite en faveur des nobles, et sur
« ce pourroit l'en traire plusieurs raisons. Et si avan-
« taige y devoit y avoir, plusieurs coustumiers tien-
« nent qu'il n'auroit pas l'avantage que les nobles ont
« du quint et du herbergement; mais le quint en
« avantage de l'homage principal pour faire le service
« au seigneur[1]. »

On voit par ce passage combien le droit d'aînesse
était encore mal établi en Poitou au xiv° siècle. Il y a
de bonnes raisons pour accorder aux roturiers le
quint sur les biens hommagés, parce qu'il faut assurer le service dû au seigneur; mais il y a aussi de
bonnes raisons pour le leur refuser, parce que la coutume a été introduite en faveur des nobles seulement.
A cette époque, le caractère militaire du fief n'a pas
encore complètement disparu, mais le caractère nobiliaire du droit d'aînesse n'a pas absolument triomphé.
La double origine de ce droit et la transformation
qu'il a subie vers le xiii° ou le xiv° siècle s'accusent
ici de la manière la plus évidente. Ce texte prouve la
thèse que j'ai toujours soutenue, à savoir que le droit
d'aînesse, né des besoins du service féodal, s'était
transformé à l'époque susdite et, de militaire à l'ori-

[1] *Idem*, n° 1015.

gine, était devenu seulement alors privilège nobiliaire.

La Coutume de Poitou, réformée en 1514, apporta
de profondes modifications au régime successoral des
nobles de la province. Le système égalitaire de Saint-
Maixent et des châtellenies qui suivaient le même
droit, disparut avec celui de viage et de retour des
pays d'entre Divo, Sèvre et Mer. Le droit de quint,
encore si mal établi au xiv° siècle et peut-être même
au xv° siècle, fut remplacé par un régime beaucoup
plus rigoureux étendu à tout le Poitou, qui fut dès
lors soumis à un même système successoral.

D'après la coutume de 1514, entre nobles et au
regard des choses nobles, tant en succession directe
qu'en succession collatérale, le principal héritier mâle
ou son représentant prend pour son droit d'aînesse le
principal châtel ou hôtel noble à son choix, avec ses
dépendances, vergers et clôtures anciennes joignant
audit hôtel, pourvu que lesdites clôtures n'excèdent
pas l'estimation de trois sexterées de terre, chaque
sexterée prise pour charge de cheval. S'il y en a plus
largement, l'aîné gardera le tout, mais il sera tenu de
récompenser ses frères pour le surplus. L'aîné prend
en outre les deux tiers de tous les revenus et terres
nobles, et les autres enfants ensemble, tant fils que
filles ou leurs représentants, ne prennent que la
tierce partie de la succession, à diviser également
entre eux [1].

----

[1] Coutume de Poitou, de 1514, art. 221 ; -- coutume de
1559, art. 289, 290. (Richebourg, tome IV.)

Entre roturiers pour toute sorte de biens et entre nobles pour les biens immeubles roturiers, pas de droit d'aînesse tant entre fils qu'entre filles, sauf pour les biens hommagés tombés en tierce foi, qui se partagent noblement, mais à la quatrième foi, c'est-à-dire au quatrième partage seulement. Les mêmes dispositions s'appliquent aux successions directes et aux successions collatérales [1].

S'il n'y a que filles, l'aînée a pour tout avantage, conformément à l'ancien système, le principal châtel ou hôtel noble à son choix, avec ses vergers et clôtures, et le reste de la succession se partage également entre l'aînée et les cadettes d'après ce même système, conservé en Touraine ; il n'est plus question entre filles du quint des héritages [2].

Le régime successoral établi en Poitou en 1514 se rapproche plus de la Coutume de Touraine que de celle d'Anjou, en ce que les puînés prennent leur part en pleine propriété ; mais il diffère des Coutumes de ces deux provinces parce qu'il n'applique le droit d'aînesse qu'aux choses nobles seulement ; tandis qu'en Anjou et en Touraine le droit d'aînesse entre nobles frappe toute sorte de biens, fiefs, censives, alleux ou francs-devoirs.

Il nous reste à parcourir les coutumes du centre de la France et à les comparer à celle du Poitou, réformée au XVIᵉ siècle.

[1] Coutume de Poitou de 1514, art. 214 ; — de 1559, art. 280.
[2] Coutume de Poitou, de 1514, art. 227 ; — de 1559, art. 296.

A La Rochelle, le fils aîné du seigneur noble, et, à défaut de fils, la fille aînée ou son représentant, prend par avantage et droit d'aînesse le châtel ou principal hôtel et le quint de la succession *ès choses nobles*, avec la préclôture dudit hôtel ou châtel ; le surplus de la succession se partage entre les cohéritiers par égales portions. Si l'un des frères ou sœurs va de vie à trépas sans hoirs descendants propres, avant d'avoir partagé la succession de leur père ou de leur mère avec ses frères et sœurs, cette succession est réputée directe ; elle se confond avec celle de l'auteur commun, se divise avec elle et l'aîné ou son représentant prend son droit d'aînéage sur le tout [1]. La Coutume de La Rochelle ne renferme sur ce point que ces très courtes dispositions. On remarquera d'abord qu'elle est restée fidèle au système intermédiaire usité en Poitou aux xiv° et xv° siècles, d'après lequel l'aîné prenait le quint de la succession outre le manoir et ses dépendances ; en second lieu, qu'elle n'applique le droit d'aînesse qu'entre nobles et pour les biens nobles ; il faut la double noblesse des personnes et des choses pour qu'elle l'admette.

La Coutume de Saint-Jean-d'Angély décide qu'entre nobles et pour les successions nobles, tant de père que de mère, le fils aîné ou son représentant prend pour droit d'aînesse en chacune desdites successions, le principal hôtel ou manoir, noble ou roturier, à son choix, avec ses clôtures anciennes et le quint desdites

---

[1] Coutume de La Rochelle, art. 54, 55. (Richebourg, tome IV, p 800.)

successions; le surplus se partage par parts égales
entre les cohéritiers. Si des portions desdites successions sont assises en diverses sénéchaussées ou divers
gouvernements, le fils aîné ou son représentant prend
en chaque sénéchaussée son droit d'aînesse suivant
l'usage des lieux. Entre filles, à défaut d'héritiers
mâles, la fille aînée prend les mêmes droits pour
l'aînesse qu'aurait eus le fils et partage le surplus
avec ses sœurs. En cas de prédécès de l'aîné avant
partage, l'aîné des aînés prend les droits qu'il aurait
eus, c'est-à-dire le manoir ou hôtel principal, avec les
préclôtures et le quint de ladite succession noble.
Entre roturiers, il y a droit d'aînesse comme entre
nobles pour les biens nobles, lorsqu'il a été rendu
trois fois hommage. Il n'y a pas de droit d'aînesse en
succession collatérale [1].

La partie de la Saintonge située entre Mer et
Charente était pays de droit écrit; on y suivait les
règles du droit romain pour le régime des successions; on y admettait l'institution d'héritier et l'exhé-
rédation. Cependant cette coutume ou usance locale
avait des règles particulières sur le droit d'aînesse.

Entre nobles, et en successions directes seulement,
l'aîné ou son représentant prend, par préciput et
avantage, l'hôtel noble et principal manoir du défunt
avec les clôtures anciennes et le quint des choses
nobles; il partage le surplus avec ses frères et sœurs,
mais il peut être exhérédé. A défaut de fils, la fille

[1] Coutume de Saintonge, du siège de Saint-Jean-d'Angély,
art. 91-94, 98, 102. (Richebourg, tome IV, p. 877.)

aînée ou son représentant jouit des mêmes droits.
S'il n'y a pas de préclôtures, l'aîné prend, outre la
maison et ses dépendances, six journaux de terre
pour les remplacer; si dans ces terres il se trouve un
domaine à rente, un moulin ou un four banal, la rente
et les revenus du moulin ou du four banal se partagent entre les cohéritiers comme les autres choses
nobles. Tant que la succession reste indivise, l'aîné
reçoit ou fait les hommages. L'aîné a la garde des
sceaux, contrats, titres, papiers et renseignements de
la famille et doit en aider les puînés quand ils en ont
besoin[1].

En Angoumois, pays coutumier, entre nobles én
succession noble et directe, le fils aîné ou la fille
aînée, à défaut d'hoir mâle, ou son représentant,
prend par avantage et droit d'aînesse le châtel ou manoir principal de ladite succession. S'il y a plusieurs
manoirs, il peut prendre l'un d'eux à son choix, avec
les préclôtures anciennes, fuies, garennes, fours et
moulins banaux, pourvu qu'ils ne soient pas séparés
du manoir par un chemin public. Le principal héritier prend en outre le quint du revenu de la succession, et il partage le surplus avec ses cohéritiers.

En succession collatérale, entre nobles, le fils aîné
ou la fille aînée à son défaut, prend par préciput le
manoir principal avec ses dépendances, si la succession collatérale dont s'agit n'a pas déjà été *quintée* et

[1] Usance de Saintonge, entre Mer et Charente, au siège de
Saintes, art. 57-60; les art. 61, 64, etc., sont conformes au
droit romain. (Richebourg, tome IV, p. 886.)

partie (partagée avec réserve du cinquième au profit
de l'aîné) par les successeurs en ligne directe[1]. Les
biens meubles se partagent également dans les successions nobles tant en ligne directe qu'en ligne collatérale. Mais entre roturiers, pour toute sorte de
biens, et entre nobles, pour les biens immeubles tenus
roturièrement, il y a lieu à partage égal, tant en ligne
directe qu'en ligne collatérale, soit entre fils, soit
entre filles; chacun succède également à égalité de
degrés en ligne collatérale[2].

Ce système de quintement existait depuis long-
temps en Angoumois, car le *Livre des Droits* s'exprime
ainsi : « L'on tient par la coustume de la conté d'An-
« goulesme et de Poitou aussi que quant terre eschiet
« à filles gentilz femmes l'ainz née prend en avantage
« le herbergement principal et la garenne se elle y
« est, et la fuye et autres appartenances dudit herber-
« gement et le *quint* de la terre en avantage et le de-
« mourant par égale porcion, etc.[3] »

La Basse-Marche était régie par le droit écrit ; le
Dorat resta soumis à la législation romaine, en dépit
des officiers de Poitiers qui tentèrent vainement d'imposer la coutume de Poitou à ce pays, en 1559[4].

[1] Quand les frères et sœurs ont partagé et quinté la succession paternelle ou maternelle et que l'un d'eux décède sans
descendants, sa part passe à ses frères et sœurs survivants,
sans qu'il y ait lieu à nouveau quintement.

[2] Coutume d'Angoumois, art. 85, 87-92. (Richebourg,
tome IV, p. 847.)

[3] *Le Livre des Droits et des Commandements*, n° 838.

[4] Voir la protestation des représentants des habitants du
Dorat, insérée au procès-verbal de la rédaction de la coutume
de Poitou de 1559 (Richebourg, tome IV, p. 823 et p. 1101, note *a*).

Dans la Haute-Marche, au siège de Guéret, il y
avait au contraire une coutume provinciale, ét l'on
suivait un système différent en matière de droit d'aînesse. En succession directe, entre nobles et pour
choses nobles, le fils aîné ou à son défaut son fils aîné
prend le châtel ou maison principale (à son choix, s'il
y en a plusieurs) avec les servitudes comprises dans
les clôtures ; mais il doit récompenser les cadets pour
les fours, moulins, pressoirs banaux situés dans l'enceinte des clôtures, s'il se les réserve. Il prend en
outre quarante toises de terre, à l'entour des fossés.
Ce système s'applique tant à la succession paternelle
qu'à la succession maternelle. Entre filles, pas de
droit d'aînesse ; à défaut de mâles, les filles partagent
par parts égales. En succession collatérale, que l'héritage advienne à des mâles ou à des filles, pas de
droit d'aînesse. Il n'y a pas non plus de droit d'aînesse
entre roturiers, même pour les choses nobles [1].
Cette coutume n'admet pas le parage ; après le partage fait, chaque cohéritier porte directement son
hommage au seigneur supérieur [2]. Non seulement
elle n'accorde à l'aîné qu'un préciput presque insigni-
fiant, mais elle ne sauvegarde même pas le droit du
suzerain par l'indivisibilité fictive du fief que cou-
vrait le parage dans les coutumes de l'Ouest. Il est
vrai que la vieille coutume de Poitou et d'Angoulême,
tout en consacrant le parage, en laissait l'application

[1] Coutume de la Haute-Marche, art. 213-216. (Richebourg,
tome IV, p. 1117.)
[2] Idem, art. 186.

facultative aux sœurs cadettes, quand le fief passait à la fille aînée [1].

D'après la Coutume de Berry, en succession noble, en ligne directe, le fils aîné doit avoir par préciput pour son droit d'aînesse, le principal manoir de la succession avec le vol du chapon qui s'étend jusqu'à un arpent de terre, à partir du bord du fossé ou du pied de la muraille. Dans cet arpent sont compris les garennes s'il y en a, les fuies, colombiers, granges, bergeries et étables, jusqu'à concurrence dudit arpent et non plus ; mais non les étangs, moulins, fours banniers. En cas de prédécès de l'aîné, son droit passe à ses enfants ou descendants [2].

En Nivernais, le droit d'aînesse a lieu entre gens nobles, vivant noblement, mais en ligne directe seulement, et quand la *chevance* (succession) du défunt vaut 100 livres de rente par commune estimation et non autrement. En succession de femme, le droit d'aînesse n'a point lieu, ni pareillement entre filles, ni en ligne collatérale. Le droit d'aînesse passe au fils aîné de l'aîné quand celui-ci décède avant son père, ou même avant le partage opéré entre ses frères et lui. Ce droit d'aînesse si restreint dans son applica-

[1] ... « Et fera l'hommage aux seigneurs (la fille héritière « principale) et les autres sœurs tendront en parage soubz « elle, si elles veulent, ou si non feront par elles s'ilz veulent « hommage aux seigneurs, ou autre devoir ou recognoissance « telle comme la coutume portera. » (*Le Livre des Droits et des Commendements*, n° 838).

[2] Coutume de Berry, tit. XIX, art. 31. (Richebourg, tome III, p. 970.)

tion, n'était guère important relativement à son étendue. Il consiste dans le droit de prélever la meilleure
maison, forte ou non, ainsi qu'elle se comporte, avec
ses fossés s'il y en a, le meilleur fief et le meilleur
homme de condition (c'est-à-dire l'hommage le plus
important), s'il en est dû, au choix de l'aîné quant
auxdits fief et hommage et non autre chose. Toutefois, s'il y a quelques biens contigus à ladite maison,
comme grange, verger, colombier, pré, sans interpo-
sition d'autres héritages, l'aîné les peut garder en récompensant ses autres frères par héritage *arbitrio
boni viri*, c'est-à-dire au moyen d'un échange avec
estimation d'experts[1].

Au pays de Bourbonnais, en succession de gens
nobles, le fils aîné ou son fils aîné en cas de prédécès
prend pour droit d'aînesse le nom et les armes du défunt, le châtel ou maison principale par préciput et
avantage. Il peut choisir et élire tel manoir que bon
lui semblera, s'il y en a plusieurs dans la succession
soit paternelle soit maternelle, quand la succession
de la mère est échue lors du partage. Entre filles,
point de droit d'aînesse. Le préciput de l'aîné comprend la clôture des fossés, s'il y en a, avec les
granges et étables, et, outre la clôture, quarante toises
de terre à prendre à partir du bord du fossé, de toutes
parts ; s'il ne s'y trouve pas les quarante toises, l'aîné
se contentera de ce qu'il y aura. S'il se trouve moulins, pressoirs ou fours banniers dans l'enceinte,

[1] Coutume de Nivernais, chap. xxxv, art. 1-6. (Richebourg,
tome III, p. 1162.)

l'aîné pourra les garder, en récompensant ses puînés.
Mais si l'enceinte renferme des moulins, fours ou
pressoirs privés, l'aîné les gardera sans être tenu à
récompense [1].

La partie méridionale de l'Auvergne était pays de
droit écrit; mais la partie septentrionale avait sa coutume propre. Il y avait en outre dans cette province
un grand nombre de coutumes locales. Nous dirons
seulement quelques mots sur le système successoral
de la Coutume d'Auvergne, en matière de droit d'aînesse, pour terminer cette trop longue revue des
coutumes du centre de la France.

En succession de nobles, le fils aîné emporte le
nom et les armes du défunt et la principale place ou
manoir, avec le vol d'un chapon, qui comprend motte,
fossés ou douves, s'il y en a, sinon une sexterée de
terre à l'entour de la maison; mais il est tenu de récompenser ses puînés et cohéritiers de la moitié de la
valeur de leur part desdits manoir et vol du chapon,
supposé qu'il n'y ait qu'une place en ladite succession.
Ce droit d'aînesse est absolument illusoire et ne cons-
titue même pas un préciput, puisque l'aîné est obligé
d'en rembourser la valeur à ses cohéritiers. Le droit
d'aînesse n'a lieu ni entre filles, ni en ligne collatérale. Quand un bien féodal est divisé entre frères ou
autres cohéritiers, l'aîné demeure chargé de faire les
foi et hommage et les services requis à cause du fief

[1] Coutume de Bourbonnais, de 1521, art. 301-303, et ancienne
coutume, tit. XII, art. 12. (Richebourg, tome III, p. 1200 et
1255.)

en son entier, sauf son recours contre les cadets ou
cohéritiers possédant l'autre partie du fief, après
qu'ils ont été mis en demeure de répondre de ce fief[1].
Cette dernière disposition avait pour objet de sauve-
garder les droits du seigneur supérieur et d'assurer
vis-à-vis de lui l'accomplissement des devoirs féodaux.
C'était un moyen de remplacer le parage, mais bien
faiblement organisé et bien éloigné du système si
féodal de nos coutumes de l'Ouest. On reconnaîtra
que le droit d'aînesse ainsi constitué devait souvent
tourner au préjudice de l'aîné lui-même, et qu'il lui
imposait plus de charges à supporter qu'il ne lui
offrait d'avantages à recueillir.

Les coutumes du Centre de la France se divisent
donc en deux groupes sur le sujet du droit d'aînesse.
Dans la région charentaise ou de l'Ouest, en Saintonge, Aunis et Angoumois, l'aîné prend, outre le
manoir principal, le quint des immeubles nobles ;
dans la région centrale proprement dite, en Berry,
Nivernais, Bourbonnais, Haute-Marche et Auvergne,
il n'a droit qu'au manoir et à ses dépendances immédiates, et même en Auvergne il est obligé de récompenser ses frères ou ses sœurs.

Le premier groupe a conservé le système mentionné dans le *Livre des Droits et des Commandements*, et
qui s'est introduit en Poitou vers le xive siècle, comme
nous l'avons démontré. Tandis qu'au xvie siècle la
coutume de Poitou rejetait ce régime pour se rappro-

[1] Coutume d'Auvergne, chap. xii, art. 51, 52 et chap. xiii,
art. 38. (Richebourg, tome IV, p. 1168 et 1178.)

cher de celui de la Touraine, les coutumes de Saintonge, d'Aunis et d'Angoumois le consacraient au contraire définitivement lors de leur rédaction officielle.

Le groupe des coutumes du Centre est resté fidèle
au système de la coutume de Saint-Maixent et de
plusieurs autres châtellenies poitevines, qui paraît
même avoir été généralement adopté en Poitou dans
la région située à l'est de la Dive, avant le xive siècle [1],
et n'a été complètement abandonné dans cette province qu'en 1514. Ce système est évidemment le plus
ancien, car les chartes des xe, xie et xiie siècles, et
spécialement celles de la région centrale, nous
montrent le partage égal des alleux admis et conservé
dans toute cette zone [2]. Certains passages du *Livre
des Droits* ci-dessus cités le démontrent aussi. C'est le
vieil usage aquitain.

Partout, du reste, le droit d'aînesse garde son caractère nobiliaire et féodal ; c'est un droit spécial
pour une certaine catégorie de personnes et de biens.
Nulle part dans la région centrale, pas plus que dans
celle de l'Ouest, il n'a ce caractère de généralité que
notre ignorance du passé lui prête aujourd'hui. On a
fait la légende du droit d'aînesse, il est temps de re-
venir à l'histoire.

[1] Je n'ai point à rechercher ici l'origine du droit de viage
et de retour qui régissait au contraire la région située à l'ouest
de la Dive. (Consulter sur ce sujet les ouvrages ci-dessus cités
de M. P. Viollet et de M. de La Ménardière. — Consulter aussi le
grand ouvrage de M. Richard, archiviste de la Vienne, sur les
Archives du château de La Barre.)

[2] D'Espinay, les *Cartulaires angevins*, p. 219.

Nos coutumes locales de Mirebeau et de Faye-la-Vineuse, lorsqu'on les compare aux coutumes primitives du Poitou et à celles du Centre, nous apparaissent comme un dernier débris de l'ancien système de partage usité aux premiers siècles du moyen âge. C'est une épave restée au milieu du naufrage des vieilles institutions poitevines, noyées par l'envahissement du droit angevin ou tourangeau des xive et xve siècles.

Cette modeste coutume, qui ne régissait que deux baronnies, se perd dans la nuit des âges; à ce titre, j'ai pensé qu'il y avait un assez grand intérêt à en rechercher les origines.

ANGERS, IMPRIMERIE LACHÈSE ET DOLBEAU.

www.ingramcontent.com/pod-product-compliance
Lightning Source LLC
LaVergne TN
LVHW010329030726
842520LV00004B/1359